AF244612

UNIVERSITÉ DE FRANCE.

Faculté de Théologie de Strasbourg.

VIE

D'IGNACE DE LOYOLA,

FONDATEUR DES JÉSUITES.

THÈSE

PRÉSENTÉE

A LA FACULTÉ DE THÉOLOGIE PROTESTANTE DE STRASBOURG,

ET SOUTENUE PUBLIQUEMENT

Mardi, le 8 Décembre 1840, à 5 heures,

POUR OBTENIR LE GRADE DE BACHELIER EN THÉOLOGIE,

PAR

EUGÈNE CHARRA,

BACHELIER ÈS-LETTRES, DE PONTAIX (DÉPARTEMENT DE LA DRÔME).

STRASBOURG,

DE L'IMPRIMERIE DE PHILIPPE-ALBERT DANNBACH, RUE DU BOUCLIER, 1.

1840.

A MON PÈRE,

PASTEUR, PRÉSIDENT DU CONSISTOIRE DE DIE,

Témoignage d'affection et de reconnaissance.

E. Charra.

FACULTÉ DE THÉOLOGIE DE STRASBOURG.

M. BRUCH, doyen de la Faculté.

MM. BRUCH,
RICHARD,
FRITZ, professeurs de la Faculté.
JUNG,
REUSS,

M. RICHARD, *président de la Soutenance.*

EXAMINATEURS:

MM. RICHARD,
FRITZ,
REUSS.

La Faculté n'entend approuver ni désapprouver les opinions particulières au Candidat.

VIE

D'IGNACE DE LOYOLA.

INTRODUCTION.

L'Église romaine a souvent soutenu, par ses écrivains, que c'était aux jésuites que revenait, en grande partie, l'honneur d'avoir arrêté les progrès de la réformation. Aussi a-t-elle comblé d'éloges l'ordre entier, qu'elle a appelé *sa milice*, et d'honneurs les fondateurs Ignace, Lainés, Salmeron.

Elle n'a pas cru payer trop cher les services du premier en inscrivant son nom dans le catalogue des saints! Cette récompense ne lui était-elle pas due pour avoir repoussé l'hydre de l'hérésie dans le nord de l'Europe? Nous ne revendiquerons pas au jésuitisme le triste honneur d'avoir fait beaucoup de mal à notre religion; car les paroles amères que ses familiers prononcèrent contre les malheureux protestants au colloque de Poissy et au concile de Trente, retentissent encore; les bûchers qu'ils allumèrent en Espagne et en Italie jettent encore une lueur lugubre. A eux donc cette triste prérogative!

1·

Mais ce que nous ne pouvons comprendre, ce qui nous surprend au dernier degré, c'est que Rome ait mis Ignace à côté des apôtres, des Augustin, des Chrysostôme ! Ignace, qui ne fut d'abord qu'un fanatique presque fou ! Ignace, qui a doté le monde d'un ordre dont les constitutions renversent les lois divines et humaines ! Ignace, enfin, dont le pape a, plus tard, dissous l'ordre, parce que cet ordre voulait dominer les peuples, les rois, le pape lui-même !....

Nous avons lu attentivement quelques-uns des biographes de Loyola, afin de lui trouver, si possible était, quelques titres à la sainteté : chez ses partisans, Orlandin, Ribadeneira, nous avons vu des miracles aussi ridicules que subversifs de la véritable religion ; chez les autres auteurs, même les plus impartiaux, nous n'avons trouvé que quelques éloges, perdus dans un déluge de blâmes. Tout cela a été pour nous une preuve indirecte de la légitimité d'une réforme, et nous nous sommes décidé à faire un essai historique sur Ignace de Loyola. Notre but n'est pas de faire de la polémique contre une Église qui, avouons-le, a fait d'assez grands progrès depuis le seizième siècle, mais de montrer aux quelques hommes qui jetteront un coup-d'œil sur notre travail qu'Ignace était indigne d'être inscrit dans le catalogue des saints. Cet essai prouvera aussi, quoique indirectement, que les réformateurs pouvaient bien avoir le droit de leur côté, puisque le pape canonisait des adversaires tels que Loyola.

CHAPITRE PREMIER.

Ignace avant sa conversion, sa conversion, ses pèlerinages.

On l'a fait remarquer bien souvent : les pensées et les actions du premier âge de la vie d'un individu sont un indice presque infaillible de ce qu'il pensera et fera un jour. Aussi s'est-on empressé de raconter les moindres détails de la vie des hommes de génie, des hommes qui ont fait époque. On est allé fouiller jusque dans les coins les plus obscurs pour satisfaire la curiosité publique, qui interroge avidement l'histoire sur les moindres traits de la vie des hommes célèbres.

Il nous serait très-agréable de donner les principaux traits de la vie du fondateur des jésuites avant sa conversion, mais malheureusement ce que nous avons pu trouver dans ses historiens se réduit à bien peu de chose, soit que les premiers écrivains, généralement ses amis, aient négligé beaucoup d'anecdotes qui ne lui auraient pas fait honneur, soit qu'eux-mêmes n'en sussent pas davantage, à cause du peu d'attention des concitoyens d'Ignace à conserver ce qu'il a fait, parce qu'ils ne pouvaient pas prévoir le rôle célèbre que cet homme devait jouer un jour. Consolons-nous cependant : ce qui nous reste suffit pour nous donner une idée de son caractère aussi ferme qu'enthousiaste ; nous pourrons déjà dire *à priori* que si une âme aussi impressionnable n'est pas bien dirigée, elle tombera dans de nombreuses aberrations.

§ 1ᵉʳ.

Dans le temps que l'armée française s'efforçait de reprendre la Navarre, que Ferdinand-le-Catholique avait enlevée à la maison française des Adrets, c'est-à-dire dans l'année 1521, il y

avait dans l'armée espagnole un jeune officier d'une grande bravoure, mais comme le plus grand nombre des nobles espagnols de cette époque, d'une ignorance plus grande encore. Cet officier est Ignace ou Inigo. Il était né en 1491, au château de Loyola, dans le Guipuscoa, d'une famille noble. Son père, chargé d'une nombreuse famille, eut assez d'influence pour le faire recevoir comme page à la cour d'Espagne, dont l'éclat était alors si brillant. Le jeune homme fit marcher de front les exercices militaires et les plaisirs de la galanterie ; c'est ce que rapportent ses historiens [1]. « La malice, l'oisiveté, la vie molle et volup-
« tueuse, dit l'un d'eux [2], vices presque inséparables de cet état (de
« page), firent d'Ignace un assez mauvais chrétien, ce qui ne fit
« qu'augmenter dans la profession des armes, qu'il embrassa après
« son noviciat. La gloire et l'amour possédaient tellement son
« cœur, qu'il ne pouvait pas concevoir qu'un homme pût vivre
« sans *une grande ambition*, ni être heureux sans galanterie. »
Cependant cette vie molle ne nuisit pas à son courage, courage qui fut bientôt à la plus rude épreuve.

Les Français ayant mis le siége devant Pampelune, capitale de la Navarre, Ignace se trouva dans les rangs des assiégés. Dans le dernier assaut il eut les deux jambes grièvement blessées ; un coup de pierre lésa la gauche, et un boulet cassa la droite. Le médecin ne sut pas remettre l'os fracturé ; alors Loyola, poussé par le désir de porter des bottes avec autant de coquetterie qu'avant son malheur, eut le triste courage de faire scier l'os proéminent et tirer sa jambe deux fois par jour pour la rendre aussi longue que l'autre. Ce trait peint suffisamment ce caractère

---

[1] A. J. B., *Précis de l'Histoire générale des jésuites*, 41. — Laumier. *Résumé de l'Histoire des jésuites*, 16.

[2] *Histoire des religieux de la Compagnie*, etc., tom. I, p. 5.

énergique, qui ne l'abandonna jamais, soit pour les petites choses, soit pour les grandes.

§ 2.

Son malheur amena sa conversion, ou plutôt donna un autre cours à ses vues ambitieuses. Comme cette cure le retint long-temps au lit, il demanda quelques romans pour dissiper l'ennui, compagnon inséparable d'une position telle que la sienne; mais on n'en trouva pas dans le château. A défaut de romans, il se contenta de *la Fleur des saints*, ouvrage plein de légendes, digne du siècle barbare où il avait été composé. Cette lecture l'atta-cha insensiblement. Nous sommes porté à croire, que se voyant obligé de quitter la vie militaire, il tourna son esprit actif vers d'autres objets que n'excluait pas son infortune. Quoi qu'il en soit, il prit la résolution de marcher sur les traces de ces pré-tendus saints, dont il lut l'histoire avec avidité : «Pourquoi [1], «disait-il, moi, qui suis d'une complexion si robuste, ne pour-«rais-je pas faire ce qu'ont fait tant de saints avec un tempéra-«ment délicat, et ne prendre, comme Saint Hilarion, que quatre «figues par jour après le soleil couché, ou ne vivre, comme «Sainte Apollone, que d'herbes crues..... Pourquoi ne pourrais-je «pas faire deux cents génuflexions par jour, comme Saint Guin-«galois; trois cents fois la prière, comme Saint Paul l'anacho-«rète ; mettre sur mes épaules la racine d'un gros chêne en fai-«sant l'oraison, comme Saint Policrone, etc ?... » Il montra plus tard qu'il pouvait les imiter, ces saints hommes, au dire d'Or-landin et de Ribadeneira. C'est ce que nous aurons occasion de faire voir dans le cours de notre récit.

[1] A. J. B. p. 42.

§ 3.

Ignace dit bientôt adieu aux plaisirs du monde. Dès que ses blessures furent guéries, il sentit le besoin de faire un pèlerinage à *Notre-Dame de Mont-Serrat* [1]. Les uns ont cru que rêvant déjà le vaste plan qu'il a réalisé plus tard, il sentit la nécessité, pour réussir, de se retirer dans la solitude; d'autres croient, non sans fondement, que son esprit étant malade, le poussa aux exagérations auxquelles il se livra. Le démêlé qu'il eut avec son frère aîné rend probable cette dernière conjecture. Ce frère, nommé Martin Garcia le fit venir dans sa chambre et lui fit des reproches amers sur ce qu'il allait se déshonorer, ainsi que sa famille. Or, il est à croire qu'il n'aurait pas fait de si sévères observations, si Ignace n'avait eu en vue qu'un simple pèlerinage vers la madone; on connaît la manière de voir des Espagnols du seizième siècle à cet égard. Mais les remontrances de son frère ne l'arrêtèrent pas, et il se mit en route, muni d'une bonne discipline dont il fit un usage plus douloureux que méritoire.

Il faut avouer que si Loyola avait une volonté pour mortifier son corps, il en avait une aussi pour corriger ceux qui osaient le contredire. Une aventure qui lui arriva en route nous le prouve : ayant fait la rencontre d'un de ces Maures qui étaient alors très-nombreux dans le midi de l'Espagne, Ignace amena la conversation sur Jésus, la Vierge, les Mystères. Le Maure avouait que la mère de Jésus-Christ était une femme de mérite, mais il ne pouvait pas comprendre, malgré tous les

[1] Voyez la légende qui a donné lieu à la fondation de ce monastère. *Ibid.,* p. 44 — 47.

efforts de son compagnon de voyage, quelle fût encore vierge après la naissance de son fils. Ignace quitta d'abord sans regret un homme si pervers, en la compagnie duquel son orthodoxie pouvait être compromise et souillée ; mais bientôt plein de scrupule d'avoir si mal défendu une cause aussi belle que celle de la Vierge, il retourna en arrière.... Son interlocuteur fut heureux de ce que la superstition de Loyola remit à l'instinct de sa mule la route qu'il devait prendre en un endroit où elle se divisait ; car le glaive de la parole ne pouvant le convaincre, Ignace aurait employé sans pitié le glaive matériel dont il était armé. La bête prit une autre route que le Maure, et tout fut dit [1]. Devant de telles actions le jugement des hommes sensés balance entre le blâme et la louange ; car, d'un côté, il y a chez Ignace un bon fond, on voit en lui l'homme énergique qui soutient de toutes ses forces ce qui lui paraît la vérité; et de l'autre, il est blâmable en ce qu'il emploie la violence. Ne le blâmons pas trop pourtant, plaignons plutôt cette Espagne barbare et fanatique qui osa substituer aux divins préceptes de l'Évangile les rêveries minutieuses de ses docteurs égarés; pensons que si la Providence avait fait naître Ignace dans l'Allemagne, Ignace aurait peut-être été un des plus grands réformateurs; son génie, bien dirigé, n'aurait pas fait défaut à cette grande œuvre.

§ 4.

Dès qu'il fût arrivé au couvent, il s'empressa de se dévouer solennellement à la Vierge. A l'instar des chevaliers errants, il fit *la veille d'armes* devant l'autel de Marie, c'est-à-dire qu'il

[1] Orlandin, liv. 1, n° 16. Ribadeneira, liv. 2, chap. 3.

passa la nuit du 24 mars 1522, debout, l'épée au poingt. A l'aube du jour il pendit ses armes à un pilier près de la statue et fit vœu de ne les plus porter. Après toutes ces formalités, il se crut autorisé à prendre le titre de *chevalier de la Vierge.*

Cependaut toutes ses actions à Mont-Serrat ne furent pas aussi inutiles que celle que nous venons de rapporter, et il fit en autres choses éclater sa charité à l'égard d'un mendiant, avec lequel il changea d'habillements et à qui il donna le peu d'argent qui lui restait encore. Après cette action honorable, il résolut le voyage en Terre-Sainte; mais le peu de fixité de ses projets et le romanesque de son imagination l'arrêtèrent pour quelque temps dans une petite ville, nommée Manrèze, à trois lieues de Mont-Serrat [1].

§ 5.

Sa conduite fut encore plus extravagante dans cette dernière ville, car il alla loger à l'hôpital, et, pour se conformer à la vie humiliante des personnes dont il était entouré, il étudiait leur manières basses, mendiait de porte en porte, laissait croître sa barbe, etc. Toutes ces macérations ridicules le rendirent si effrayant, que, dès qu'il paraissait en public, les enfants se le montraient au doigt et le huaient. Si nous sommes porté à blâmer une pareille conduite, nous donnerons pourtant quelques éloges à la patience qu'il montra. Ignace, en effet, devant une si grande humiliation, eut une patience plus grande encore, en sorte que si on a quelque chose à regretter, c'est qu'il ait manifesté une grandeur d'âme aussi rare pour de pareilles futilités. Cependant

[1] Goubauld de la Billenerie, p. 3

son désir de martyriser sa chair n'était pas encore assouvi. Aussi
quitta-t-il le monde, après quatre mois de séjour dans l'hôpital,
et s'enferma-t-il dans une caverne solitaire. Là, au dire de ses
disciples, il s'abandonna à la ferveur de son zéle. Ses jeûnes, ses
abstinences furent portés si loin qu'il fût sur le point de mourir
de défaillance. Le résultat de tout ceci fut bien plus fâcheux
encore, car son esprit devint si mélancolique, que souvent il
faisait d'Ignace un frénétique furieux. Son imagination exaltée
prenait les visions les plus absurdes pour des réalités. C'est ainsi
qu'il crut avoir un dialogue avec le diable, qui s'efforçait de lui
faire abandonner cet état dégradant. « *Et quid tu*, disait le ma-
« *lin, et quid tu in his sordibus, in hoc pedore jaces? Quid vili-*
« *bus vestibus et obsoletis sordidatus incedis? Et quid cum abjec-*
« *tis hominibus sedens, generis tui nobilitatem obscuras?* » Certes, si
le diable n'avait jamais donné de plus mauvais conseils, il faudrait avouer qu'il n'est pas aussi diable que veulent bien le dire
Ribadeneira et Orlandin. Au reste ce n'est pas sur ce seul point
que les panégyristes d'Ignace peuvent être trouvés en défaut, et,
pour nous arrêter à un des plus saillants, nous rapporterons ce
que Ribadeneira nous apprend (page 45) : « Ignace resta d'un
« dimanche à l'autre dans un état d'évanouissement complet, et
« il en sortit à la même heure qu'il y était entré, en murmurant
« le nom de Jésus. » Qui ne croirait lire un conte des mille
et une nuits ?

§ 6.

Après un séjour d'une année à Manrèze, après y avoir composé,
au milieu de ses extases, les *Exercices spirituels* [1], ouvrage reli-

---

[1] Voyez *Hist. des religieux de la Comp. de Jésus*, p. 14.

gieux, plein d'idées guerrières où l'on voit Jésus-Christ et le diable prêts au combat, l'ancien désir qu'il avait de visiter la Terre-Sainte se réveilla. Il alla donc s'embarquer à Barcelonne, passa par l'Italie, reçut la bénédiction papale à Rome. Enfin, après maints et maints incidents, rapportés avec minutie par ses biographes, il fit son entrée dans la ville sainte le 4 septembre 1523. A la vue de cette cité que Jésus avait parcourue si souvent, sa dévotion redoubla. Il résolut de consacrer ses talents à la conversion des infidèles; mais le provincial des franciscains, à qui Rome avait confié la garde du saint sépulcre, ne lui fit pas fête, soit qu'il le considérât comme un individu dont le cerveau était un peu timbré, soit qu'il prévît que dans quelques années ce serait un homme entreprenant, qui supplanterait les franciscains dans la plupart de leurs prérogatives. Il lui fit donc signifier de vider le pays, et Ignace, après avoir visité les lieux remarquables, pour s'acquitter de ses dévotions, après avoir vu la prétendue empreinte du pied du Sauveur sur la sainte montagne, plia bagage et fit voile vers sa patrie, où il allait se livrer à l'étude. Ce désir de s'instruire nous porterait à croire que ce ne fut ni par mépris ni par envie que le franciscain repoussa ses offres, mais parce qu'il s'apperçut de l'ignorance de Loyola. Quoi qu'il en soit, Ignace retourna à Barcelonne vers l'an 1524; il avait alors trente-trois ans.

CHAPITRE II.

Études d'Ignace de Loyola.

Il fallait que le désir d'apprendre qui poussait Ignace fût bien puissant, pour lui faire surmonter tout ce qu'il y a de pénible, surtout pour un homme de trente-trois ans à plier sa volonté au gré de celle d'un pédagogue et à traîner sa triste existence en la compagnie d'êtres incapables de le comprendre, à cause de leur tendre jeunesse. Eh bien! tous ces dégoûts, il les a surmontés, et c'est d'autant plus méritoire que ses progrès ne répondirent pas à ses espérances. Son insuccès eut pour principales causes, disent ses historiens, son penchant à la contemplation et son peu d'aptitude au travail. On sait, en effet, que lorsqu'un homme a négligé longtemps la culture d'esprit, il lui est difficile plus tard de rompre ce même esprit à des travaux qui ne sont plus de son âge.

Mais Ignace, au lieu de faire retomber cette incapacité sur sa propre personne, crut n'avoir rien de mieux à faire que d'en accuser le tentateur qui voulait se l'attacher plus tard, en lui apprenant tout à coup ce qui lui coûtait tant de veilles. Le démon [1], voyant ses peines et ses dégoûts lui offrit les plus grandes lumières, même pour les sens les plus cachés de l'écriture. Ignace rejeta sans peine les offres brillantes de Satan et préféra la férule de son maître Ardebald, le suppliant d'en user libéralement à son égard. Mais ces bonnes résolutions furent bientôt ébranlées par son penchant à la contemplation. Cette fois, ce fut son confesseur qu'il fit confident de ses peines. Celui-ci mit entre ses mains les œuvres du célèbre Erasme; Ignace se dégoûta aussi de cet auteur, parce que, disait-il, il refroidissait en lui l'esprit de Dieu. Son aversion fut même poussée si loin, que plus tard il défendit sa lecture à ses disciples.

§ 1er.

Cependant ses occupations ne furent pas toutes infructueuses à Barcelonne. S'il ne fit pas de grands progrès dans son instruction, au moins son zèle pour convertir les pécheurs eut quelques

---

[1] Ribadeneira, p. 68.

succès, qui lui coûtèrent cher à la vérité. « Il y avait dans cette « ville, dit l'auteur du *Supplément à l'Histoire ecclésiastique*, un « couvent de religieuses qui menaient une vie toute mondaine « et passaient pour très-galantes. Ignace entreprit leur conversion « et réussit; mais les cavaliers qui fréquentaient ce couvent le « firent rouer de coups et le laissèrent pour mort. Il se rétablit « pourtant après cinquante-trois jours de maladie. » Cet accident détermina le saint à quitter cette ville ingrate et à venir étudier à Alcala, où le cardinal Ximenès avait fondé une université. Il partit donc de Barcelonne, après un séjour de deux ans, amenant avec lui trois écoliers qu'il s'était attachés. Pour les distinguer, il les habilla de serge grise avec un chapeau de la même couleur, en forme de cloche. Quant à lui, ayant lu que Jésus-Christ est appelé l'agneau de Dieu, il voulut imiter la pureté de cet agneau, et il se fit faire un habillement dont la couleur était toute naturelle. Qu'on nous dise que cette prétention ne dévoile pas un grain de folie !

§ 2.

Dès son arrivée à Alcala, il crut devoir réformer sa manière d'étudier. Il se défit de son esprit contemplatif et de son prosélytisme, se contentant des trois disciples qu'il avait conquis à Barcelonne. Mais il se jeta dans un excès contraire, en voulant tout apprendre à la fois. Éléments de la grammaire, philosophie, théologie, il entreprenait tout. L'étude simultanée de ces trois branches produisit une telle confusion, que sa tête en fût encore plus dérangée. Enfin, les obstacles le dégoûtèrent de nouveau, et il se livra tout entier à ses prédications anciennes. Mais l'inquisition, le prenant pour un de ces illuminés [1] qui

---

[1] Ce sont probablement les anabaptistes auxquels on fait allusion ici.

parcouraient alors l'Europe et qu'on confondait très-souvent avec les luthériens le fit incarcérer. Après s'être assurée qu'il n'était pas à craindre, elle l'abandonna au vicaire de l'archevêque, Jean de Figueroa, qui le mit en liberté, en lui défendant d'avoir un uniforme et d'instruire le peuple avant quatre ans d'études [1]. Ignace n'avait pas prévu que tant de chagrins et d'entraves l'attendaient, et comme il ne pouvait se résigner au silence, il quitta cette ville, qui l'aurait fait arrêter une seconde fois, s'il avait outrepassé les ordres de l'autorité ecclésiastique. Il espérait qu'une fois éloigné, il lui serait facile de se livrer à son occupation favorite.

§ 3.

Il va donc à Salamanque, autre université non moins célèbre que celle qu'il quitte. Mais les leçons qu'il a reçues à Barcelonne et à Alcala ne lui ont guère profité; elles n'ont pu éteindre son prosélytisme. On lui a enjoint d'étudier la théologie avant de s'ériger en prédicateur; mais son zèle inconsidéré le conduit encore sur les places publiques.

Les dominicains, avertis sans doute par leurs confrères inquisiteurs à Alcala, ne le perdirent pas de vue et usèrent d'une ruse ingénieuse pour savoir positivement quel but il se proposait. Ils firent préparer un grand dîner dans leur couvent et invitèrent Loyola à y prendre part; celui-ci, ne se doutant de rien, croyant peut-être que l'ordre ouvrait les yeux sur ses mérites, accepta sans difficulté. Au dessert le confesseur du couvent fit l'éloge de son zèle chrétien et lui demanda comme par hasard ce qu'il

[1] Rib., p. 71

enseignait au peuple et à quel titre. « Nous ne formons pas d'as-
« semblée, répond Ignace, mais quand les circonstances se pré-
« sentent, nous parlons familièrement des choses célestes. *Et ille,*
« *de quibusnam, inquit, divinis rebus ? Hoc enim est, quod maxime*
« *scire volumus. Tunc Ignatius : Nos aliquando, pater, de vir-*
« *tutis dignitate ac turpitudine vitiorum loquimur ; eos qui nos*
« *audiunt ad virtutes hortamur, a vitiis abducimus. Vos,* reprit
« le vicaire du prieur, présent à cette conférence, *vos indocti*
« *estis, ut vos ipsi profitemini de virtutibus tamen et vitiis*
« *sermonem habetis, atque de his quidem verba recte facere*
« *nemo sane potest, nisi aut doctrina labore parta, aut divini-*
« *tate infusa : id vobis doctrina non prestat, spiritus ergo sanc-*
« *tus. Atque hoc est de spiritu sancto quod scire cupimus.* »
Ignace, surpris par cette nouvelle manière d'interroger, hésita
quelques minutes, puis s'écria : « C'est assez, il n'est pas néces-
saire que nous allions plus loin. » Il avoua ainsi son impuissance
à montrer ses œuvres. Le moment était pourtant bien favorable
pour faire un de ces miracles qui lui étaient si familiers au
dire de ses disciples. Pourquoi ne l'a-t-il pas fait ? Impuissance !
Et delà nous pouvons tirer la conclusion rigoureuse que les
jésuites, comme leur fondateur, en ont imposé à la vérité ou
qu'ils se sont trompés eux-mêmes. Dans l'un et l'autre cas, ils ne
sont pas des conducteurs à qui on puisse se confier.

A la suite de cette conférence, il fut enfermé dans la prison
du couvent, d'où il fut transféré dans celle de la ville, avec ses
trois compagnons. Le grand-vicaire étant venu les interroger,
Ignace, pour se justifier du reproche d'hérésie qu'on lui faisait,
lui présenta son traité des *Exercices spirituels.* Après ample
examen, on le relâcha, parce qu'on ne trouva rien dans son
livre qui fût hétérodoxe. On lui rappela cependant la nécessité
d'étudier préalablement la théologie.

§ 4.

Les essais infructueux qu'il venait de faire dans trois de ces universités, dégoûtèrent complétement Ignace du séjour de l'Espagne. Il s'appliquait amèrement les paroles de Jésus : Nul est prophète dans son pays. Il résolut de quitter ce sol ingrat ; mais où pouvait-il aller, si ce n'est à Paris, dont l'université attirait alors les regards de toute l'Europe? C'était dans cette capitale qu'il pourrait enfin puiser l'instruction dont il était si avide. Il avait à peine résolu son départ, qu'il eût la douleur de se voir abandonné par ses trois compagnons, dégoûtés des mauvais traitements qu'ils avaient essuyés à sa suite. Il s'achemina vers la capitale de la France, au cœur de l'hiver de 1528, chassant devant lui un âne chargé de ses livres et de ses précieuses reliques. A son arrivée il recommença encore ses études; il avait alors trente-sept ans. Il aurait dû cependant être honteux quand il réfléchissait que la plupart des jeunes gens qui étudièrent avec lui à Barcelonne devaient maintenant servir leur patrie ou la religion, et que lui, homme sur le retour, avait dilapidé son temps et ses forces. Mais il ne paraît pas que ces réflexions, si jamais il les a faites, aient beaucoup touché son cœur; car elles n'ont pas changé sa conduite. Bien au contraire, il s'est acharné plus que jamais à se faire des prosélytes. Son zèle va si loin qu'il détourne de leurs études les élèves de Montaigu et de Sainte-Barbe [1]. Cette conduite étrange ne put échapper à la vigilence des professeurs, qui, voyant que leurs reproches ne produisaient aucun effet, le menacèrent de lui donner la *salle* [2]. Mais

[1] Goubauld de la Billenerie, *Histoire des jésuites.*

[2] Ce châtiment consistait à faire passer l'incorrigible par les verges devan tout le collége.

que pouvaient les châtiments corporels sur une âme aussi for-
tement trempée et aussi fanatique que celle d'Ignace? Il paraît
que le principal s'aperçut qu'il le souffrirait avec le plus grand
plaisir. Il se contenta de lui en avoir fait l'affront et le renvoya
du collége.

§ 5.

Ignace se retira chez les jacobins [1] pour y étudier la théologie,
et ici il fit réellement quelques progrès, parce qu'il fut plus ré-
servé. Dès lors il commença à mettre un peu d'ordre dans ses idées
pour la fondation d'un ordre religieux, et on peut presque dire
que c'est à Paris qu'il a fondé le jésuitisme. Avant d'arriver dans
cette ville, il avait agi sans méthode, sans point de vue : ce n'é-
taient pour ainsi dire que des essais de son pouvoir de persuasion,
une espèce de noviciat (noviciat extravagant, il est vrai) pour son
corps et son âme. Nous le voyons passer par les austérités les plus
cruelles, par les pèlerinages les plus extraordinaires; puis, s'a-
percevant qu'il n'a pas un degré d'instruction suffisant, il va à
Barcelonne, à Alcala, à Salamanque. Partout son imagination
contemplative l'entraîne dans quelque démarche inconsidérée :
Il vient à Paris où il trouve encore la persécution et la brave.
Maintenant il est prêt; son âme est aguerrie; elle ne craint ni
les dangers ni les entraves; elle est assouplie à sa volonté. Il ne
s'agit plus d'études ennuyeuses pour Ignace: il est trop vieux pour
se plier à la discipline d'un maître; il va à son tour former des disciples, et malheur à eux! ils vont être régis par une main de fer!

---

[1] Ce sont des dominicains qu'on nommait jacobins du nom de la rue
qu'ils habitaient.

CHAPITRE III.

Travaux d'Ignace pour établir le jésuitisme.

Une fois sorti des colléges, où il avait fait une trop longue résidence pour son honneur, Loyola marche droit au but qu'il avait longtemps caressé dans son esprit. La première chose qu'il a à faire, il la fait. Il cherche des disciples définitifs qui embrassent avec enthousiasme son zèle et sa manière de voir. Pour cela rien ne lui coûte: prières, dévouement, souplesse, reproches, tout est mis en usage. Bien souvent nous aurons lieu d'admirer son adresse et aussi, pourquoi ne le dirions-nous pas? sa charité. Tel qu'un convertisseur vulgaire, il ne va pas arrêter ses efforts sur des personnes qui n'ont commis que quelques fautes légères. Il travaille en faveur des pécheurs les plus endurcis, et il a raison, car il est sûr que si jamais ceux-là écoutent la voix de leur conscience et de la religion, ils lui seront complétement dévoués.

Sa première conversion est tout ce qu'il y a de plus touchant: Il avait à Paris un ami qui entretenait un commerce criminel avec une femme. Ignace apprend que cet ami doit aller à un rendez-vous aux environs de la capitale; alors son zèle lui inspire l'idée de se mettre dans un étang sur son passage. Notez que c'était dans le cœur de l'hiver. Dès qu'il le voit paraître, il lui fait des remontrances sur l'énormité du crime qu'il va commettre. « Allez, lui dit-il, allez assouvir la passion brutale « qui vous domine, et pendant ce temps je prierai ici la divinité « jusqu'à ce qu'elle soit appaisée. » Le jeune homme, ému jusqu'aux larmes, ne persista pas dans son mauvais dessein et s'attacha pour toujours au nouvel apôtre.

C'est par des moyens analogues qu'il parvint à réunir un noyau précieux d'hommes qui plus tard furent illustres : Le

Fèvre, prêtre savoyard ; François Xavier, professeur au collége de Beauvais, qui, par reconnaissance de railleur, devint ami d'Ignace. Loyola, en effet, lui avait prodigué, dans une grave maladie, les soins les plus empressés, et lui avait procuré le bien-être et la santé. Enfin, Jacques Lainés, Alphonse Salmeron, Nicolas Bobadilla, tous trois Espagnols, furent entraînés par l'exemple de Xavier, ainsi que le Portugais Simon Rodrigues.

§ 1er.

Instruit de l'inconstance des promesses de l'homme, par la triste expérience que lui avait fournie l'abandon des disciples qu'il avait eus en Espagne, Ignace prend la résolution de s'attacher ceux-ci d'une manière irrévocable, et, pour mieux réussir, il veut leur faire prêter un serment qu'ils ne violeront pas, à moins qu'ils renoncent à toute idée de religion. Il y a, près de Paris, à Montmartre, une chapelle souterraine, fort propice pour une scène solennelle et mystérieuse. Cette chapelle a souvent frappé l'attention d'Ignace. Aussi le jour de l'Assomption 1534 (15 août), il y conduit ses compagnons. Pierre Le Fèvre, qui, comme nous l'avons dit, était prêtre, célèbre la messe à la clarté des flambeaux, leur administre l'eucharistie, reçoit leurs vœux, consistant dans la promesse de consacrer toute leur vie à la conversion des infidèles, et, s'ils ne peuvent pas partir pour la Palestine avant un certain temps, à se soumettre à la volonté du pape. Dès ce moment il exista une nouvelle société, non pas telle cependant que fut plus tard le jésuitisme, car ses membres n'avaient pas encore ces vues ambitieuses qui les ont distingués des autres ordres.

Pourtant le saint patriarche n'était pas satisfait : il se défiait toujours de la fragilité du cœur humain ; aussi fit-il prendre l'engagement à ses disciples de renouveler leur serment toutes les années. Ses appréhensions étaient si fortes, qu'étant tombé malade, et les médecins lui conseillant d'aller respirer l'air natal, il refusa longtemps d'accéder à leur avis, dans la crainte que, s'il s'éloignait, ses disciples actuels ne l'abandonnassent comme les premiers; mais, apprenant que Lainés, Salmeron et Xavier allaient retourner en Espagne, pour régler leurs affaires de famille, il leur évita cette peine, voulant leur éviter aussi la tentation de s'établir dans le pays natal. Il les laissa à Paris et partit pour l'Espagne.

§ 2.

Ignace accorda deux ans à ceux de ses disciples qui n'avaient pas fini leur théologie. Après cela ils iraient le rejoindre à Venise, d'où ils devaient partir ensemble pour la Palestine. Il les précéda de quelques mois dans cette ville, où il reprit son ancienne habitude de prêcher sur les places publiques. Mais comme le bruit des persécutions qu'il avait essuyées en Espagne et en France s'était répandu, comme d'ailleurs sa manière de prononcer l'italien n'était pas faite pour plaire à une nation qui tient essentiellement à sa langue, il se vit bientôt l'objet du mépris des Italiens. Ses malheurs passés l'ayant rendu, sinon plus sage, du moins plus prudent, il chercha des protecteurs puissants, parmi lesquels on remarque *Jean-Pierre Caraffe*, qui le tira des mains de l'inquisition au moment où celle-ci allait le condamner comme hérétique. Cet évêque voulut le faire entrer dans l'ordre des Théatins [1], qu'il venait de fonder; mais l'am-

---

[1] L'ordre des Théatins était un nouvel essai pour réformer les anciens ordres qui se corrompaient à mesure qu'ils s'enrichissaient.

bition étouffa la reconnaissance d'Ignace : il refusa de céder au désir de l'évêque de Théate.

Un événement inattendu hâta l'arrivée de ses compagnons : ce furent les préparatifs de guerre de Charles-Quint contre la Provence. La petite confrérie quitta Paris (19 novembre 1536) et prit la route de la Lorraine, pour éviter le théâtre de la guerre. Ils traversèrent, en pèlerins, une portion de l'Allemagne méridionale, avec trois nouveaux collègues : Pasquier Brouet, Claude Le Jay, prêtres, et Jean Cordure.

§ 3.

Jusqu'ici la société était illégale : il fallait donc, avant tout, la faire reconnaître par le pape. Mais l'approbation du chef de l'Église était plus que problématique ; car, d'un côté il était à craindre que Pierre Caraffe, qui venait d'être nommé cardinal, ne suscitât des difficultés à Ignace, pour se venger de ce que celui-ci n'avait pas voulu entrer dans les Théatins à Venise, et, de l'autre, l'inconduite des moines des anciens ordres était bien propre à empêcher l'établissement des nouveaux. Ignace, devant ces difficultés, ne voulut pas se hasarder à un refus. En conséquence il divisa ses douze disciples en quatre petites bandes, leur ordonna de se rendre à Rome par des chemins différents et de se faire connaître sur la route. Le but de leur voyage paraît avoir été de sonder le terrain. Tout ce qu'ils gagnèrent à Rome se borne à la bénédiction du pape et à deux cents écus d'or, qui leur furent donnés comme aumône. Avec ce petit trésor ils rejoignirent leur chef à Venise, pour y attendre le moment favorable au passage en Terre-Sainte. Mais leur espérance fut encore une fois trompée, car ils ne purent prendre la mer, à cause de la guerre que Venise, le pape et l'empereur préparaient contre le sultan. Cette contrariété ne leur causa pas beaucoup de tristesse, probablement parce qu'ils rêvaient de plus grandes choses. Au moins c'est ce que Ribadeneira laisse entrevoir (p. 115). Obligés de rester à Venise, ils surent utiliser leur temps à la conversion des chrétiens relâchés, en attendant celle des infidèles ignorants. Tous les jours on les voyait sur les places publiques, montés sur des tréteaux, criant de toute la force de leurs poumons, agitant leurs chapeaux pour attirer la foule. Les auditeurs ne leur manquèrent pas, car les Italiens, accoutumés à des scènes bouffonnes, les prenaient pour des charlatans et accouraient en foule. La nuit, Ignace et les siens se retiraient dans des masures, où ils dormaient sur un peu de paille.

§ 4.

Ce genre de vie, qui aurait dégoûté d'autres hommes moins persévérants qu'Ignace et ses compagnons, charmait, au contraire, ceux-ci, en sorte qu'ils le pratiquèrent pendant 1537. Il est vrai de dire qu'ils ne prêchaient pas tout à fait dans le désert, car on les vit bientôt pénétrer dans les universités et dans les palais des grands. Tel fut Le Jay, qui eut pour pénitents une marquise de Pescaire et le duc de Ferrare; tel fut Ignace, qui sut gagner l'estime de Paul III, de qui il reçut la permission de prêcher à Rome même; tels furent Lainés et Salmeron, qui eurent des chaires dans le collége de la Sapience, en la même ville.

Pourtant ces avantages étaient loin de satisfaire l'ambition de Loyola : tout ce qu'il obtenait n'était rien pour lui tant que l'existence de la nouvelle société n'était pas sanctionnée. Aussi cherchat-il à flatter le pape, et les cardinaux qui prétendaient à la

thiare. Aux trois vœux qu'il avait fait promettre à ses compagons,
savoir: pauvreté, chasteté et obéissance au général qu'ils devraient
élire, une fois la société approuvée, il en joignit un quatrième,
portant obéissance aveugle au saint siége. Les statuts ainsi modi-
fiés furent présentés au pape Paul III. Il fut si satisfait du quatrième vœu, qu'il nommât une commission de trois cardinaux
pour examiner le plan de la société nouvelle. L'un d'eux, Bar-
thélemi Guidiccioni, fit une opposition assez vive, en se basant
sur les décrets du quatrième concile de Latran (1215) et du
second de Lyon (1274), qui s'élevaient contre la multiplication
des ordres religieux; mais voyant que le pape finirait pas se
rendre aux démarches incessantes d'Ignace, il fit de nécessité
vertu et se relâcha de sa rigueur. Le pape, en effet, publia
une bulle, le 27 septembre 1540, par laquelle il permit la
société des *clercs réguliers de la société de Jésus* [1], bornant
toutefois leur nombre à soixante.

Le plus difficile était enfin obtenu : il ne s'agissait plus que
de régulariser la société et, avant tout, de nommer un chef ca-
pable de donner l'impulsion. Pour cela Ignace rappela ses disciples épars dans les principales villes d'Italie. De dix qu'ils
étaient, cinq se rendirent à Rome; les autres, retenus par des
affaires indispensables, envoyèrent leur suffrage en faveur du
fondateur. Ceux qui étaient présents n'eurent garde de lui re-
fuser le leur, en sorte qu'il fût nommé à l'unanimité. Il refusa
longtemps d'accepter la charge de général, on ne sait sous quel
prétexte; mais l'intervention de son confesseur, le cordelier
Théodose, l'y décida le jour de Pâques 1541 [2].

---

[1] Quelques auteurs croient que le nom de *jésuites* vient de ce qu'on leur
donna dans Rome une église nommée *Il Giesu*. D'autres, qu'Ignace les
nomma ainsi par souvenir de ce que Jésus et la Vierge lui étaient apparus à
Mont-Serrat.

[2] Orlandin, liv. 3, n. 8.

§ 5.

Si le plan que nous nous sommes tracé en commençant cet essai nous le permettait, ce serait ici la place de parler des constitutions des jésuites; mais comme ces constitutions sont en grande partie l'œuvre de Lainés et de Salmeron [1]; comme d'ailleurs il faudrait écrire de nombreuses pages pour n'en donner qu'un faible aperçu, nous nous permettons de les passer sous silence. Nous en usons de même à l'égard de beaucoup d'actions d'Ignace, car notre but n'était pas tant de le suivre dans tout ce qu'il a fait, que de montrer quel était son caractère, et qu'il n'avait rien qui légitima sa canonisation. Nous lui rendrons pourtant encore la justice qui lui est due, en disant que ce sont ses travaux qui ont consolidé l'ordre. Sa nomination au généralat ne l'empêcha pas d'exercer les fonctions les plus basses. Il se fait successivement valet de cuisine, instituteur des enfants, convertisseur des juifs [2]. Il sait bien, à l'exemple de Saint Paul, se faire tout à tous pour en gagner quelques-uns; mais, comme l'apôtre, il ne sait pas tracer de justes bornes à sa ferveur, et souvent il se permet des démarches blâmables.

Enfin les grandes occupations et les chagrins que lui avait donnés sa charge affaiblirent sa santé. Il faut croire aussi que les anciennes austérités auxquelles il avait assujetti son corps ne contribuèrent pas peu à une maladie de langueur, qui l'amena au tombeau, le 31 juillet 1556, à l'âge de soixante-cinq ans. Avant de mourir, il eut la satisfaction de compter plus de mille disciples, répartis en treize provinces. L'Europe, peuples

---

[1] *Histoire des religieux*, etc., t. I, p. 68.
[2] Ribud., liv, 3, ch. 2.

et rois, apprenait à trembler devant son institut; l'Asie, l'A-frique et l'Amérique étaient parcourues et subjuguées par ses enfants. Comme son âme devait s'enfler d'orgueil quand il re-passait ses progrès immenses !

La seule gloire qui manquait à sa mémoire, Rome la lui ac-corda en 1609, sous le pontificat de Grégoire XV : elle inscrivit son nom dans le catalogue des saints. Ses disciples aussi n'ont pas été ingrats, car à la place de ces mots modestes qu'ils avaient inscrits sur sa tombe : *A Ignace, fondateur de la compagnie de Jésus,* ils ont fait graver : *Qui que tu sois, qui te représentes dans ton esprit l'image du grand Pompée, de César ou d'A-lexandre, ouvre les yeux à la vérité et tu verras sur ce marbre qu'Ignace a été plus grand que tous ces conquérants.* Quel étrange contraste ces phrases orgueilleuses ne font-elles pas avec ces paroles désintéressées du Sauveur : «Mon royaume n'est pas de ce monde?» Ah! Ignace, quel triste service tu as rendu à l'humanité en la dotant de ton nouvel institut !

THÈSES THÉOLOGIQUES.

I.

La Bible est un livre inspiré de Dieu.

II.

L'inspiration de la Bible n'est pas littérale.

III.

La négation des miracles de la Bible affaiblit son autorité.

IV.

Il peut y avoir des élus dans toutes les sectes chrétiennes.

V.

On doit abandonner une secte lorsqu'on est persuadé qu'elle est dans l'erreur.

VI.

L'existence du mal dans le monde ne combat pas l'idée de la Providence.

FIN.

[illegible]

II

[illegible]

[illegible]

III

[illegible] pour y arriver, il faut que [illegible]

[illegible]

[illegible]